Steen Frandsen

365 ÅRS - ORDSPROG

MED ET TWIST...

AF666236

Taaak til Janice Kinnear for lån af finurlige figure.
https://www.janice-k.dk/

Bøger af samme forfatter:

- Falck - 36 år på godt og på ondt. Management by Fear.
- Bornholm - Skal vi emigrere ?
- Hvo intet vover – Intet vinder…

© 2025 Steen Frandsen

Redaktion: Steen Frandsen
Korrekturlæsning: Nina Frigaard

Forlag: BoD · Books on Demand, Strandvejen 100,
2900 Hellerup, bod@bod.dk

Tryk: Libri Plureos GmbH, Friedensallee 273,
22763 Hamborg, Tyskland

ISBN: 978-87-7170-092-3

Indholdsfortegnelse

1. Årsordsprog 1 - 49.

1.

❤ Huller i osten - Ost handles i kg. pris. Hvor mange huller der er i osten er ligegyldigt. ❤

2.

Lær af dagen i går ❤

Nyd dagen i dag ❤

Glæd dig til dagen i morgen ❤

3.

❤ Narcissister syntes ikke de overdriver - Netop derfor er de Narcissister. ❤

4

❤ Livet er hvad man selv gør det til. ❤

5.

❤ Ansvar i eget liv - For dig og dine. ❤

6.

❤ Lev med det du ikke kan ændre. ❤

7.

❤ Min kærlighed er ikke ubegrænset - Netop deri består kærligheden. ❤

8.

❤ Livet består af tilvalg og fravalg - Ikke at vælge til, er også at vælge fra. ❤

9.

❤ Det du gør i dag, er noderne til musikken der spilles i morgen. ❤

10.

❤ At rejse er at leve

At leve er en rejse - ruten for rejsen vælger du selv ❤

11.

❤ Verden er lige så vidunderlig som man gør den til ❤

12.

❤ Et er at lytte - et andet er at forstå ❤

13.

❤ At give slip på noget gammelt, er at sige goddag til noget nyt ❤

14.

❤ Intet er mere naturligt end det naturlige. ❤

15.

❤ Det usagte er ofte årsag til konflikter. ❤

16.

❤ Skårene kan oftest klinkes, så vasen nærmest er den samme - Fremadrettet ved man nu, at vasen kan gå i stykker. ❤

17.

❤ Den største fejltagelse er ikke at indse fejltagelser. ❤

18.

❤ Samlivet skal opbygges igennem kærlighed og tillid - ikke igennem jalousi og mistillid. ❤

19.

❤ Selvhøjtidelighed er dræbende - Selvironi er skabende ❤

20.

❤ Intelligens forpligter. ❤

21.

❤ I dag er i morgen - for det der var i går. ❤

22.

❤ Hvem skal sejre - frygten, fornuften eller nysgerrigheden. ❤

23.

❤ At leve i frygt, eller at leve i fred, afgøres ofte af urimeligheder. ❤

24.

❤ Man kan ikke elske alle, og man kan ikke elskes af alle. ❤

25.

❤ Nogle ser muligheder - andre ser umuligheder. ❤

26.

❤ Det der kan virke forkert i nu'et - kan vise sig at være det rigtige i morgen. ❤

27.

❤ Taaak - Er oftest smukt sagt. ❤

28.

❤ Prisen på livet er den samme, uanset om man lever det på den mørke eller lyse måde. ❤

29.

❤ Livet er en balance - og det kan gøre ondt at træde ved siden af. ❤

30.

❤ Uoverensstemmelser skal høres og forstås, der bør opnås enighed og enigheden skal efterleves ❤

31.

❤ Et voksent liv består af tilvalg, fravalg og konsekvenser. ❤

32.

❤ Det uforudsigelige er forudsigeligt i og med det er uforudsigeligt. ❤

33.

❤ Skal vi tro på vores tro, eller skal vi tro på hinanden. ❤

34.

❤ Den der ser mulighederne har mulighed for at gå vejen. ❤

35.

❤ Er du Ny(d)sgerrig på livet. ❤

36.

❤ Beklageligvis men tydeligvis - kan det at miste livet være en befrielse. ❤

37.

❤ Hvis man ikke lige ved det - kan det være svært at se det. ❤

38.

❤ At forstå og at erkende er 2 forskellige ting. ❤

39.

❤ Viden er magt - Kan man læse sig til viden. ❤

40.

❤ At handler på given ordre, frigør ikke for ansvar - Goebbels, Göring og Himler handlede efter ordrer ❤

41.

❤ Kærlighed og Konflikter følges beklageligvis ofte ad. ❤

42.

❤ Den der bærer viljen i hjertet når målet ❤

43.

❤ Medicin er bare en pille - også selv om den er lille, oval og lyseblå ❤

44.

❤ Held og lykke og god vind - Også selv om det skulle vise sig at være modvind ❤

45.

❤ Er arv en ret, en pligt eller en selvfølge ❤

46.

❤ Er arv altid rigdom. ❤

47.

❤ Curiosity killed the cat - Who killed the curiosity ❤

48.

❤ At elske ender ofte med at såre. ❤

49.

❤ Hvorfor ender det at elske, ofte med at såre? ❤

2. Årsordsprog 50 - 99.

50.

❤ Er man en lyseslukker, når man slukker lyset ?❤

51.

❤ Har man børn, så handler det desværre ofte, som forældre, om at vise man er den der elsker mest ❤

52. ❤ Man ved at man ikke vidste - når det ofte er for sent. ❤

53.

❤ Alt i livet er kompromis. ❤

54.

❤ Hvorfor spiser katte ikke mennesker - fordi de ikke kan ...

Hvorfor opfører psykopater sig som de gør - det er fordi de kan ... ❤

55.

❤ Har vi en Sam-tale... eller har vi en Sam-snak. ❤

Lavet sammen med Lukas. 25.01.2025.

56.

❤ Kan man snitte i en spadsere stok?, Ja men til sidst knækker den ❤

57.

❤ Smukke og kønne mennesker har større muligheder for succes....

Men... men ... men - det har sin pris ... ❤

58.

❤ Skal man fælde hele æbletræet - for at skaffe sig af med de dårlige æbler...❤

59.

❤ Spiser man altid de dårlige æbler først, opnår man muligvis aldrig at smage de gode....❤

60.

❤ Er narcissist - en avanceret psykopat. ❤

61.

❤ Ordentlig kommunikation er grundlag for en ordentlig samtale. ❤

62.

❤ Gør det ondt når jeg sparker dig i skridtet - og skal vi prøve igen. ❤

63.

❤ Kærligheden kender ikke grænser - Vi bukker og takker ❤

64.

❤ Er håbet ude hvis kærligheden har gjort blind ❤

65.

❤ Kærlighed kan gøre blind, en blindhed der ofte aftager med tiden ❤

66.

❤ Kærlighed, Lyst og Begær bør gå hånd i hånd. ...❤

67.

❤ For at elske andre skal man først elske sig selv ❤

68.

❤ Solidaritet og sammenhold syntes at være en selvfølgelighed,, ofte uden at være det ❤

69. ❤ Drømme kan være gode og gratis, men er det ikke altid. ❤

70.

❤ Erkend forskellen på kærlighed og barmhjertighed. ❤

71.

❤ Livet handler om at prøve at forstå - ikke om at prøve at misforstå ❤

72.

❤ Når du pleaser en eller flere - unpleaser du en eller flere andre. ❤

73.

❤ Fysisk vold giver mærker på kroppen - Psykisk vold giver ar på sjælen ❤

74.

❤ Erkendelse af afmagt ender i erkendelse af frustration. ❤

75.

❤ Hvis fantasien fik helt frie hænder, hvor bragte den dig så hen ... ? ❤

76.

❤ Hvis fantasien fik helt frie hænder, hvor bragte den så os hen ... ? ❤

77.

❤ Naviger i de vande du nu engang er i, og lad andres bekymringer flyde... ❤

78.

❤ Hvis kompasset ikke viser vejen, så find den selv ❤

79.

❤ Livet har mange forhindringer - Det handler om navigation ❤

80.

❤ Hvis smerten af dine handlinger ikke forstås af dig selv - så vend pisken ❤

81.

❤ Altid sundt med inspiration - Altid sundt med refleksion ❤

82.

❤ Skal man tale samme sprog, for at kunne forstå hinanden ❤

83.

❤ Man byder det man gerne selv vil bydes og omvendt ❤

84.

❤ At føre fra tanker til handling, kan kræve mod - ikke alle tør...❤

85.

❤ Bitterhed kan nemt forhindre eller forstyrre klarsyn ❤

86.

❤ Selv med de bedste og mest velmenende intentioner, kan det at såre andre opstå ❤

87.

❤ Risikerer du med din handling, at såre andre, så bør du være ekstra opmærksom ❤

88.

❤ Konfliktens pris er ofte højere end umiddelbart anset ❤

89.

❤ Stenen kan være godt gemt i skoen ❤

90.

❤ Selv i medvind kan det godt være op ad bakke ❤

91.

❤ Lad ikke tavsheden brydes med unødig snak ❤

92.

❤ Verdens er udfordret på mange fronter, synlige som usynlige ❤

93.

❤ Umiddelbart kan det der ligner guld og glimmer, ofte vise sig ikke at være det. ❤

94.

❤ Mennesker fascineres, tiltrækkes og afstødes af forskellige ting ...

Det som syntes fantastisk og tiltrækkende for den ene, er afstødende for den anden ... ❤

95.

❤ Mennesker udvikles sammen, og kan pludselig være et sted de aldrig havde drømt om. Både på den positive og den negative måde.....❤

96.

❤ At elske hinandens forskelligheder er en dyd. ❤

97.

❤ At elske hinanden for hinandens forskelligheder er en dyd. ❤

99.

❤ Hvornår er nok, nok….?

Hvornår er godt nok, godt nok….?

Kan og skal man nøjes med nok eller godt nok ….? ❤

3. Årsordsprog 100 - 149.

100.

❤ At tilgive er oftest et udtryk for et stort sind og et stort hjerte ❤

101.

❤At blive slået med ord - sætter ingen synlige spor ❤

102.

❤ Det øjnene ser mærkes på kroppen ❤

103.

❤ Oplevelser kan ikke altid tørres af tavlen ❤

104.

❤ Traumer giver ar på sjælen. De kan bare ikke ses ❤

105.

❤ Hjernen er en størrelse der uden brug af vold kan manipuleres, men ikke for evigt ændres ❤

106.

❤ Hjernen er ikke en legeplads - slet ikke for børn ❤

107.

❤ Nogle mærker på sjælen giver mærker magen til de mærker en diamant efterlader på en rude ❤

108.

❤ Evner kan forpligte ❤

109.

❤ Misbrug af tillid sætte usynlige spor ❤

110.

❤ Mistro og jalousi er ætsende ❤

111.

❤ Vagtsomhed kan være dræbende ❤

112.

❤ Manglende søvn slår ihjel uden ar på kroppen ❤

113.

❤ Ro på sagde fornuften - men kroppen lystrede ikke ❤

114.

❤ Humor er godt mod mange ting, men virker kun som salve, den kurerer ikke ❤

115.

❤ Guderne kan være en god rejsefælle, særlig hvis det kniber med selvtilliden ❤

116.

❤ Selvtilliden og troen på det gode er vigtig sagde elefanten, da den ved en fejl trådte på musen ❤

117.

❤ Troen på en Gud er for mange mennesker helende, når de søger tilgivelse ❤

118.

❤ Tro kan flytte bjerge, og i særlige tilfælde giver troen penge i banken ❤

119.

❤ Jo større tillid du vises, jo mere forpligter det ❤

120.

❤ Ægteskab kan også være en gensidig tillidserklæring, hvem sætter de etiske regler og love ❤

122.

❤ Man siger " Krage søger mage", ofte søger man modsætninger ❤

123.

❤ Modsætninger mødes, men ofte bliver søgen på ensartetheden dominerende og dræbende ❤

124.

❤ Alt kan bruges overdrevent - og er ofte et udtryk for at flygte ❤

125.

❤ Narcissisters søgen på "Fame"og anerkendelse er ofte med baggrund i manglende selvsikkerhed ❤

126.

❤ Søger man efter en der kan lyse og vise vejen i livet, er det godt med en lygte og et par pudsede briller ❤

127.

❤ Tålmodighed er en dyd, klarsyn er en nødvendighed ❤

128.

❤ Vender man altid den anden kind til, ender det med hjernerystelse ❤

129.

❤ Sammenblanding af energier bør være progressiv synergi ❤

130.

❤ Ægteskab, venskab og samvær bør være en fornøjelse, og ikke en pine - opgørelsen kan laves både for ofte og for sjældent ❤

131.

❤ At handle som uvidende er ikke nødvendigvis en undskyldning, og fritager ikke nødvendigvis for skyld og ansvar ❤

132.

❤ Om vinteren er det forventeligt at få en kold skulder ❤

133.
❤ Hvad der er forventeligt og fortjent er der ofte uenighed om ❤

134.
❤ Verden er det som du ser den som ❤

135.
❤ Smuk i krop og sjæl, smuk i tale - Skindet kan bedrage ❤

136.
❤ Livets labyrint forsøges ofte med bind for øjnene ❤

137.
❤ Livets labyrint med bind for øjnene giver mange skrammer ❤

138.
❤ Krige og kærlighed kan leves som venner eller som fjender ❤

139.
❤ Uvished og vished - Ved man om slangen bider, og ved man hvornår …❤

140.

❤ En dygtig skuespiller kan skjule meget - Ofte ikke på den lange bane ❤

141.

❤ Leves livet blandt venner og ligesindede, er det ikke svært at finde de lyse sider ❤

142.

❤ Gode venner og gode venskaber er som guld - Værdien af dem stiger ofte dag for dag ❤

143.

❤ Når nøden er størst erkendes de bedste relationer ❤

144.

❤ At vise og blotte sine svage sider er et udtryk for styrke ❤

145.

❤ Sandheden er ikke nødvendigvis synlig ❤

146.

❤ Mere lys giver ikke altid større synlighed ❤

147.

❤ Jo mere åben man er i kriser og konflikter, jo nemmere er de at løse ❤

148.

❤ Følelser og fornemmelser giver ofte den rette løsning ❤

149.

❤ Er tingene kørt i hårdknude er en moderator ofte en god idé ❤

4. Årsordsprog 150 - 199.

150.

❤ At give kærlighed koster ikke noget - at misbruge kærlig kan have sin pris ❤

151.

❤ Storsind skabes via indsigt og forståelse ❤

152.

❤ Trist og kedeligt hvis vi alle var ens ❤

153.

❤ Forskelligheder mødes og tiltrækkes ❤

154.

❤ Vejen til målet er nemmest hvis det samtidig er sjov og spændende ❤

155.

❤ Det er urealistisk sagde pessimisten.....❤

156.

❤ Er det realistisk at lade være sagde optimisten......❤

157.

❤ Hvis man virkelig vil, så ved man hvad der skal til ...

❤

158.

❤ Viljen til sejr er i krop og sjæl, samt imellem ørene...

❤

159.

❤ Forskellighederne i systemerne skaber styrke ❤

160.

❤ I krig og kærlighed gælder alle kneb - gråd og glæde følges ad med begge ❤

161.

❤ Det er sgu stærk tobak at være på kanten af livet, og at finde vejen tilbage ❤

162.

❤ Hensyn kræver ofte ikke meget og det koster ikke noget ❤□

163.

❤ At værdsætte hensyn er også at vise hensyn ❤

164.

❤ Narcissistens hule mund er et farligt sted - særlig hvis man har skyklapper på ❤

165.

❤ i narcissistens nærvær føles det som at stå i en bus, og ikke vide hvor stopknappen sidder ❤

166.

❤ At sige måske er at sige både ja og nej - Det efterlader en dør åben, som måske ikke altid er hensigten ❤

167.

❤ Klar tale frem for tåget snak er at foretrække ❤

168.

❤ Vægelsindethed er som et tveægget sværd - man ved ikke hvilken side der er skarpest ❤

169.

❤ At opleve livets gratis glæder i naturen, giver livet værdi ❤

170.

❤ Løvens hule gab kan vise sig som et mere sikkert sted end Narcissistens hule mund ❤

171.

❤ Ikke alt man ser skal siges ❤□

172.

❤ Ikke alle tanker skal ud af munden ❤□

173.

❤ Når de fleste gør det og de færreste taler om det...❤

174.

❤ Sandheden er nøgen og til tiden ikke velkommen ❤

175.

❤ Tør vi godt det her sagde frygten ❤

❤ Tør vi godt lade være sagde lysten ❤

❤ Skal det besluttes lige nu sagde fornuften ❤

176.

❤ Narcissisme og selvironi ligner hinandens modsætning ❤

177.

❤ Mulighedernes kunst ses for alvor efter stormen har lagt sig i Umulighedernes oprørte vande ❤

178.

❤ Når det mørke ser alle mest mørkt ud - Så tænd lyset ❤

179.

❤ Bruger kamæleon kamuflage ❤

180.

❤ Når naturen er kamuflagen i sig selv ❤

181.

❤ Så længe man er åben over for læring, så er der lidt i nærmest alt .... ❤

182.

❤ At lære der ikke er noget at lære er også læring ❤

183.

❤ Jeg tror ikke på nogen gud, jeg er stærk nok til at tro på mig selv …❤

184.

❤ At elske mennesker der ikke elsker en selv udviser storhed ❤

185.

❤ Sagn kan være sund læring ❤

186.

❤ Jeg elsker mange mennesker, men ikke alle ❤

187.

❤ Der findes mennesker jeg ikke længere har i mit følelses register, hverken på godt eller på ondt ❤

188.

❤ Som udgangspunkt er alle mennesker velkommen tilbage, men det er ikke sikkert de kommer ind i mit nærvær ❤

189.

❤ At stjæle penge er slemt, at stjæle følelser er meget værre ❤

190.

❤ Der er forskel på at stjæle af nød og at stjæle af begærlighed ❤

191.

❤ Hvor meget skal vi hjælpe folk der gerne vil hjælpes, uden de selv ønsker at bidrage til at blive hjulpet ❤

192.

❤ Ordentlig kommunikation er bare et af de væsentlige incitamenter i ordentlighed ❤

193.

❤ At leve livet og at leve underlivet er ikke nødvendigvis det samme ❤

194.

❤ Lyst og fornuft er som ild og vand ❤

195.

❤ Begær og begrænse er ofte hinandens modsætninger ❤

196.

❤ Lyst kan nemt være en last ❤

197.

❤ Lig i lasten og ikke altid synlige ❤

198.

❤ At turde vise ægte nærvær kan være svært, det kræver man tør ❤

199.

❤ Tilgivelse er ikke en selvfølge, og kan godt have sine begrænsninger ❤

5. Årsordsprog 200 - 249.

200.
❤ Fortælles den nøgne sandhed uden omtanke er den ikke altid gavnlig ❤

201.
❤ At give kærlighed koster ikke noget - at misbruge kærlig kan have sin pris ❤

202.
❤ Mennesker der viser dig respekt er værd at samle på ❤

203.
❤ Tiltrækning kan være svær at modstå, fristelsen kan have sin pris .... Det kan også have sin pris at ignorere den ❤

204.
❤ Grib bolden imens den er i luften.... Rammer den jorden, så saml bolden op og prøv igen ❤

205.

❤ Mørke tider har også lyse sider ❤

206.

❤ Gode ting gentages gerne ❤

207.

❤ Det øjnene oplever fæstner sig i hukommelsen ❤

208.

❤ Hvis det ligner afføring og lugter af afføring, så er det nok afføring ❤

209.

❤ Menneskers forskelligheder opfattes ikke ens ❤

210.

❤ Når der er modstand øges trykket ❤

211.

❤ Hvis viljen er stærk nok og målet er synligt, så er sandsynlighed for det lykkes stor ❤

212.

❤ Havde vi alle været ens, så havde verden været ret trist ❤

213.

❤ Forelskelse virker som narkotika men med meget forskellig plasmahalveringstid ❤

214.

❤ Når sanserne stimuleres opleves virkeligheden ofte skarpere ❤

215.

❤ Forelskelse er en farlig fase ❤

216.

❤ At skade andre er ikke altid til at undgå ❤

217.

❤ Nogle oplevelser sætter sig som diamantridser i en rude ❤

218.

❤ Selv med de bedste intentioner kan handlinger blive opfattet som skadelige ❤

219.

❤ At skade andre er ikke altid udført med overlæg ❤

220.

❤ Alle har et fælles ansvar ❤

221.

❤ At blive hørt er ikke nødvendigvis eget ansvar ❤

222.

❤ Kærlighed er ikke kønsbestemt ❤

223.

❤ Kærlighed imellem mennesker kan være forskellig som dag og nat er for verden ❤

224.

❤ Livet leves lettere med åbent og ikke fordomsfuldt hjerte ❤

225.

❤ Ægthed og falskhed kan uden de rette briller være svære at skelne ❤

226.

❤ Splitsekunder kan ændre livet for altid ❤

227.

❤ Solens lys varmer krop og sjæl og giver mulighed for livets forskellige dimensioner ❤

228.

❤ Hvad den ene oplever som godt er ikke nødvendigvis godt for den anden ❤

229.

❤ Ægte kærlighed og troskab har større sandsynlighed for overlevelse ❤

230.

❤ Kærlighed opleves oftest forskelligt ligesom nogen bedre kan lide natten og andre bedre kan lide dagen ❤

231.

❤ At afstemme forventninger er nødvendig hvis skibet skal sejle sikkert ❤

232.

❤ Forskelligheder kan være en styrke, men behøver ikke at være det ❤

233.

❤ Mange af livets bedste oplevelser er ganske gratis ❤

234.

❤ Kunsten at udføre kan også være kunsten at lade være ❤

235.

❤ At sige til og at sige fra, kræver ofte øjeblikkelig handling, også selv om det havde være fornuftigt at vente ❤

236.

❤ Livet er en gave der ofte mishandles ❤

237.

❤ Livets mørke tider kan være nødvendige for at se de lyse ❤

238.

❤ Livets gratis glæder kan have sin pris ❤

239.

❤ Kaffe bør som mange andre af livets glæde nydes, og ikke være noget der bare er ❤

240.

❤ Forskellen på at bruge og misbruge afhænger af øjnen der ser ❤

241.

❤ Misbrugt tillid er svær at genoprette ❤

242.

❤ Uden tillid er venskaber, forhold og ægteskaber platoniske ❤

243.

❤ Meget kan trænes men ikke alt kan opnås ❤

244.

❤ I kærlighed og krig vindes ingen sejre uden ar på krop og sjæl ❤

245.

❤ Tankemylder er en parasit ❤

246.

❤ De synlige sygdomme er nemmere at håndtere end de usynlige sygdomme ❤

247.

❤ Mænd og kvinder er forskellig skabt - Skaberen takkes uanset hvordan det foregik ❤

248.

❤ Vished er en sikkerhed ❤

249.

❤ Uden sammenhold skabes ingen tryghed ❤

6. Årsordsprog 250 - 299.

250.

❤ Jeg tror ikke på at mødes i himmelen - jeg tror på at når det er slut, så er der ikke mere at det der var .... ❤

251.

❤ Mange går andres ærinder uden at vide det ❤

252.

❤ At overveje sine handlinger kan være lige så nødvendigt som at trække vejret ❤

253.

❤ Vold uden synlige mærker er oftest værre end vold med synlige mærker ❤

254.

❤ Inde i os alle bor der en lille hund der gerne vil klappes ❤

255.

❤ Ansvar får de fleste til at vokse ❤

256.

❤ Ideer og kreativitet trives bedst i frihed ❤

257.

❤ Kræfter og energi kan nemt spildes i dårligt selskab ❤

258.

❤ At have vished er livseliksir ❤

259.

❤ Trivsel skabes i sikkerhed og vished ❤

260.

❤ Den lille og uerfarne kan ikke navigere i et miljø uden rammer ❤

261.

❤ Vanvid ses og opleves sjældent af den der udøver ❤

262.

❤ Beskidte tanker er sjældent gavnlige ❤

263.

❤ Uskyldig er den der ikke ved ❤

264.

❤ Nogle tanker havde godt af ikke at være tænkt ❤

265.

❤ Kærlighed og omsorg gives bedst hvis man har overskud og er i balance ❤

266.

❤ Natur og kultur inspirerer og udvikler kreativiteten ❤

267.

❤ Nervøsitet og ubalance opleves ofte som dårlig selvtillid, men er det ikke nødvendigvis ❤

268.

❤ Når vejen til målet er belagt med toppede brosten, kræver det en smule mere af indsatsen ❤

269.

❤ At kæmpe uden at kende fjenden er udfordrende og giver ofte overraskelser ❤

270.

❤ At miste et barn gør livet vender på en tallerken - Intet bliver som det var før ❤

271.

❤ Forelskelse er en fantastisk fornøjelige og farlig eufori ❤

272.

❤ Livets facetter bør ses igennem et kaleidoscope ❤

273.

❤ Livets facetter kan føles som at rejse i et kaleidoscope ❤

274.

❤ Hvad hjernen er fuld af kommer ud i kuglepennen ❤

275.

❤ At sælge sig selv for billigt kan have sin pris ❤

276.

❤ Folkedomstolen dømmer ofte inden rettergang ❤

277.

❤ Naturens vidundere er livseliksir ❤

278.

❤ Livets gratis glæder må opleves, værdsættes og påskønnes ❤

279.

❤ Svært at finde en vane når vinden pludselig vender ❤

280.

❤ Kys og kærlighed er klassificeret og kvalificeret forelskelse ❤

281.

❤ Hatten af for mennesker med ægte mod ❤

282.

❤ Elsker at elske når kærligheden har banet sin vej i et oprørt hav ❤

283.

❤ Menneskets ondskab viser sig ofte fra sin værste og ofte uventede side ❤

284.

❤ Ægte begær deles ofte på smukkeste vis når kærligheden viser sig fra sin smukkeste side ❤

285.

❤ I livets hårdeste tider findes de sande venner ❤

286.

❤ Elskoven dufte og lyde kendetegner den sande kærlighed ❤

287.

❤ Narcissist binder ofte sine nærmeste med reb af løgne og bedrag ❤

288.

❤ Narcissistens evige forherligelse af sig selv er den sande gift for omgivelserne ❤

289.

❤ Narcissisten skader uden at blinke med øjnene ❤

290.

❤ Narcissister fungerer ikke med andre narcissister ❤

291.

❤ Narcissister er menneskeracens svar på snyltere ❤

292.

❤ Narcissister evne som kamæleon er fremragende - de skjuler hvem de er, men fortsætter deres færden ❤

293.

❤ Kvinder og mænd har hver deres stærke side, og lad det blive derved, lad i stedet menneskets egenskaber tale frem for kønnets ❤

294.

❤ Narcissistens evige forherligelse af sig selv ætser omgivelserne med nærmest uoprettelig skade til følge ❤

295.

❤ Narcissistens vej til succes kender ingen grænser ❤

296.

❤ Narcissisten baner sin vej som en sneplov baner sin vej i sneen ❤

297.

❤ Det er menneskeligt at fejle, men der skal alligevel være grænser ❤

298.

❤ Man er aldrig selv neutral til at bedømme sig selv ❤

299.

❤ Jeg vil gerne vide meget, men erkender at det er ikke alt jeg behøver at vide for alligevel at kunne gå lykkelig i graven ❤

7. Årsordsprog 300 - 366.

300.

❤ Forførelse forvirrer og fiktionerer, de fastholder fantasien i sin form ❤

301.

❤ Mange kampe vindes bedre med forhandling og list ❤

302.

❤ Kærlig og troskab er ikke altid hinandens venner hele livet ❤

303.

❤ Løfter bor bedst i hjertet hos den ærlige ❤

304.

❤ Man er ikke selv den bedste dommer over retfærdigheden i egne handlinger ❤

305.

❤ Kærlighedens veje baseres på fælles tillid, troskab og respekt ❤

306

❤ Tanker kan nemt tænkes længere end de bør ❤

307.

❤ Når tanker trækker tårer og det ikke vides hvorfor ....❤

308.

❤ Narcissister skader deres nærmeste, ofte uden at hverken de eller dem de skader, er opmærksomme på det ❤

309.

❤ Narcissismen kommer ofte snigende som en tyv kommer snigende om natten - ofre ænser ikke ulykken før skadens uopretteligheded er sket ❤

310.

Mine følelser som en åben bog - Når bogen smækkes i kan det være svært at forstå hvorfor - Det kræver et spejl. ❤

311.

❤ At bruge og misbruge tillid sårer og skader.
At det ikke var hensigten, fjerner ikke arene ❤

312.

❤ Svært at styre præcist når målet ikke fremstår klart ❤

313.

❤ Fællesskab øger friheden ❤

314.

❤ Når verden tager en drejning, kan det være godt at holde fast ❤

315.

❤ Hvordan hænger de to ordsprog sammen ?

Ingen kender dagen før solen går ned - Natten er vor egen ❤

316.

❤ Døm ikke andre før du kender dem og kender deres historie ❤

317.

❤ Naturlige reaktioner på relationers aktioner i komplekse situationer ❤

318.

❤ At miste et barn uanset alder, er en forbandelse ❤

319.

❤ At miste et barn til narko uden det fysisk dør er en forbandelse ❤

320.

❤ At miste en relation til narkotika er en forbandelse ❤

321.

❤ Det der virker meningsløst, kan være nødvendigt ... ❤

322.

❤ Forsoning, forlig og forening ....❤

323.

❤ Vi lever i en verden med stigende hastighed, hvor vigtige beslutninger kan være nærmest uoverskuelige ❤

324.

❤ Kampe kæmpes ofte for evig og forgæves, ❤

325.

❤ Det værste der kan ske i en større konflikt er, at blive enige om at være uenige...

Men så er det i enighed og ikke i uenighed ..... ❤

326.

❤ Jeg tror ikke på religioner - Jeg tror på mig selv og mine normer - det er rigelig for mig. ❤

327.

❤ Sandsynligheden for at blive skadet er størst hvis du selv skader andre ❤

328.

❤ Uenighed kan opnås i enighed ❤

329.

❤ Vi er ikke alle ens - og tak for det ❤

330.

❤ Når ægte kærlighed mødes, opstår uendelige energier ❤

331.

❤ De gratis glæder bruges ofte alt for sjældent ❤

332.

❤ Brydes hjernen slides hjerter ❤

333.

❤ Forventningerne afstemmes bedst i fredstid ❤

334.

❤ Når et menneske malkes for energi fristes skæbnen ❤

335.

❤ Vi samler på gode oplevelser, men dvæles ofte ved de dårlige ❤

336.

❤ Dreams are for free - I have had a Dream, and I still have ❤

337.

❤ Lidenskab kan være en øjenåbner der ender med at gøre blind ❤

338.

❤ Skygger er sand kopi at den virkelige verden ❤

339.

❤ Det sande jeg ses ofte først når toget er kørt ❤

340.

❤ Om den indre svinehund kan tøjres eller ej, afgøres af ejeren ❤

341.

❤ Værdien af værdier kan vise sig at være værdiløs ❤

342.

❤ Det som ingen ved kan ikke fortælles af nogen uden at være en historie ❤

343.

❤ Den listiges list kan være svær at list ud at listeren selv ❤

344.

❤ Solen, månen og stjernes vej er forudsigelige og pålidelige, som nærmest det eneste i verden ❤

345.

❤ Aftaler kan aftales men giver ingen garantier ❤

346.

❤ Når nøden er størst kenden ingen hverken deres bedste ven eller værste fjende ❤

347.

❤ At stiltiende se til et menneske ødelægger sit og andres liv, er en umenneskelige byrde ❤

348.

❤ Verdens grumhed har ingen grænser selv i de mest horrible fantasier ❤

349.

❤ Jalousi kan æde selv de bedste menneskers intentioner ❤

350.

❤ Kærlighed og forelskelse kan splitte selv de stærkeste hjerter ❤

351.

❤ Den sande kærlighed kender ingen grænser ❤

352.

❤ Kærligheden til ens egne børn kan ikke måles med kærligheden til noget andet ❤

353.

❤ Jeg møder verden med oprejst og ærlig pande.

Brug min fortrolighed, men misbrug den ikke ❤

354.

❤ Hvis man går med det i hjertet, at ikke alle kampe kan vindes ❤

355.

❤ Lev med at ikke alting går ens egen vej ❤

356.

❤ Når kærligheden gør ondt, forhindres klarsynet ❤

357.

❤ Vær gode eller dårlige for og ved hinanden - forskellen er som årstidernes forskellighed ❤

358.

❤ Om du er bolden i narcissistens leg med livet afgør du selv ❤

359.

❤ Nogle fejltagelser får man kun lov at begå en gang ❤

360.

❤ Mennesker kan blive så procesorienterede at de mister sig selv ❤

361.

❤ I higen efter opnåelse af målet, glemmer man ofte sig selv ❤

362.

❤ At dømme andre fortæller ofte mere om en selv, end det fortæller om dem man dømmer ❤

363.

❤ Ved nogle fejltagelser er der beklageligvis ikke et ekstra forsøg - skaden er uoprettelig ❤

364.

❤ Mange af livets største oplevelser er ganske gratis ❤

365.

❤ I billard er det svært at lave rødt, når det ser sort ud ❤

366.

❤ Misbrug er også som forældre - at lade stå til i ansvaret, om at tilrettevise egne børn ❤

Det sidste ordsprog, nummer 366, er selvfølgelig til hvis det er skudår...

365 Års - ordsprog med et twist...

Forord.

Ordsprog der oftest er skrevet når jeg vågner om natten, og ikke kan sove, eller ikke hurtigt falder i søvn igen.

Jeg har PTSD, eller noget der minder om det.

Jeg lever med det i de vilkår, og i de rammer det nu kan give mig.
Via at skrive om det, og at være åben om det, kommer jeg videre.

Jeg elsker mit liv og mine 5 børn, som livet nu har formet sig, alternativet er meget værre...

Symptomerne på PTSD er, eller kan være, svært invaliderende.

Jeg er i hvert tilfælde overrasket over følgerne, og bliver det egentlig hver eneste dag. Men igen, alternativet er meget værre...

Havde ikke forestillet mig at der skulle komme så mange ordsprog.

Det der flyder ud i tastaturet, er hvad hovedet og hjertet er fyldt med.

Flere af ordsprogene er skrevet om narcissister, fordi jeg syntes de optager en stor, belastende og farlig del i vores samfund, særligt blandt politikere møder man dem.

FSC
www.fsc.org
MIX
Papir fra
ansvarlige kilder
Paper from
responsible sources
FSC® C105338